UMSATZSPRUNG

Die 7 besten Strategien für mehr Umsatz im B2B

Alex Rammlmair

Impressum

Bibliografische Information der Deutschen Nationalbibliothek:
Die Deutsche Nationalbibliothek verzeichnet diese Publikation in der
Deutschen Nationalbibliografie; detaillierte bibliografische Daten sind im
Internet über http://dnb.dnb.de abrufbar.

© 2019 Alex Rammlmair

Lektorat: Regina Kaplan
Korrektorat: Regina Kaplan
Grafiken: Sonja Gamsjäger

Herstellung und Verlag: BoD – Books on Demand, Norderstedt

ISBN: 978-3-7347-9609-8

Inhaltsverzeichnis

Dieses Buch entstand aus einer Challenge:

„Kann man in 30 Tagen ein gutes Buch schreiben – in nur einer Stunde am Tag?"

Am 12. April 2019 hatte ich die spontane Idee, das auszuprobieren.
Und habe daraufhin ein einem Live-Video auf Facebook erzählt, dass ich das jetzt machen werde.
Ich hatte keine Ahnung, wie das gehen soll. Geht das überhaupt?

Aber wenn man aufhört sich die Frage zu stellen
„Ist das überhaupt möglich?" und sie durch die Frage ersetzt *„Wie könnte ich das möglich machen?"*,
dann verändert das alles.

Die Challenge ist übrigens gescheitert.
Ich habe 31 Tage gebraucht.

Ich hoffe, Sie sehen darüber hinweg.

Viel Erfolg bei Ihrem Umsatzsprung
Ihr Alex Rammlmair

1

IST DIESES BUCH WIRKLICH WAS FÜR SIE?

Ihr Stundensatz ist mindestens 300 Euro. Wahrscheinlich wesentlich mehr.

Ich rede nicht davon, was Sie sich selbst als Gehalt bezahlen.
Sondern davon, was Ihre Zeit wert ist.

Und obwohl ich dieses Buch geschrieben habe, damit es vielbeschäftigte Unternehmer und Unternehmerinnen in 90 Minuten lesen können, sollten Sie sich fragen, ob es tatsächlich diese Zeit wert ist.

Denn das sind immerhin mindestens 450 Euro.

450 Euro sind natürlich ein Klacks für den Wert, den Sie aus diesem Buch rausholen können.

Ihre Erwartung sollte sein, dass Sie das Tausendfache herausholen.

Aber das wird nicht für alle funktionieren.
Und falls wenig Aussicht darauf besteht, dass Sie so einen Profit aus diesem Buch ziehen werden, dann sollten Sie die Zeit anderweitig nutzen.

Denn wenn Sie keinen massiven Umsatzsprung aus den Ideen in diesem Buch bekommen, dann bekommen Sie vermutlich gar nichts.
Dann ist es das komplett falsche Buch.

Dieses Buch ist dann falsch für Sie, wenn:

1. Sie noch kein etabliertes Unternehmen haben

Das ist kein Buch für Start-ups und Existenzgründer.
Stattdessen: Sie machen bereits Geschäft. Sie haben ein marktbewährtes Produkt. Sie können Kunden glücklich machen. Sie ziehen immer wieder neue Aufträge an Land. Kurz gesagt: Sie machen 7-stellige Umsätze oder sind zumindest auf dem besten Weg dorthin.

2. Sie kein skalierbares Produkt oder Dienstleistung haben

Was bringt Ihnen ein Umsatzsprung, wenn Sie und Ihr Unternehmen dadurch im roten Drehzahlbereich laufen und keine Zeit für weitere Entwicklung mehr haben? Damit machen Sie sich keinen Gefallen. Legen Sie das Buch erstmal zur Seite und bauen Sie Ihr Angebot und Ihre Organisation so um, dass Ihr Stresslevel mit höheren Umsätzen sinkt statt steigt.

3. Ein Umsatzsprung zwar "nice" wäre, aber kein wirkliches Problem löst

Was passiert, wenn Sie einfach so weiter machen wie bisher? Das hat ja auch funktioniert. Warum wollen Sie denn unbedingt in die nächste Liga? Haben Sie dazu wirklich einen guten Grund?

Das ist wichtig. Wirklich.

Ich verrate Ihnen ein Geheimnis: Ihr Umsatzsprung kommt nicht durch einen kleinen Kniff oder eine clevere Marketing-Aktion. Sie werden einiges an Ihrem Unternehmen verändern müssen. Und ganz ehrlich: auf

einige dieser Veränderungen werden Sie keine Lust haben. Und dann passieren sie auch nicht.
Und das ist völlig in Ordnung. Aber dann nutzen Sie Ihre Zeit sinnvoller, als mit diesem Buch.

4. Sie haben keine freien Ressourcen in Marketing und Verkauf

Sie selbst sind bis über beide Ohren beschäftigt und Ihre Mitarbeiter sind auch komplett ausgelastet. Neue Ressourcen in Marketing und Vertrieb aufzubauen ist für Sie nur "overhead".
Das bedeutet anders formuliert: Das Thema "Umsatzsprung" hat bei Ihnen keine Priorität und Marketing und Verkauf sind in Ihrem Unternehmen Kostenstellen statt Profitbringer.
Das ist legitim. Aber dann wird Sie dieses Buch keinen Schritt weiterbringen.

Sie sind immer noch da?

Großartig. Dann lassen Sie uns loslegen.

2

HÖCHSTE ZEIT, KLARTEXT ÜBER GELD ZU REDEN.

Praktisch immer brauchen Sie mehr Geld, um in Ihrem Unternehmen voran zu kommen.

Warum reden wir darüber überhaupt?

Weil manche Menschen in einem Glaubenssatz festhängen: "Es geht doch nicht ums Geld."

Natürlich geht es ums Geld.
Sie brauchen Geld.
Sie brauchen Umsätze.

Denn Umsätze sind das Benzin für Ihren Unternehmensmotor. Ohne geht gar nichts.

Und Umsätze sind auch der Gradmesser für Ihren Erfolg. Ihre Kunden geben Ihnen nur Geld, wenn sie dafür von Ihnen mehr Wert bekommen als es sie kostet.

Deswegen gilt: Je höher Ihre Umsätze, desto mehr Wert schaffen Sie auf dem Markt.

Und desto schneller können Sie noch mehr erreichen: Noch bessere Produkte, noch mehr Arbeitsplätze, noch mehr zufriedene Kunden.

Gibt es irgendwas Sinnvolles, Unterstützenswertes, Erstrebenswertes in der Welt, das Sie mit Ihrem Unternehmen und in Ihrem Leben leichter erreichen können, wenn Sie kein Geld haben?

Weil ich diese limitierenden Glaubenssätze aus eigener Erfahrung kenne:
Sie werden kein schlechterer Mensch, nur weil Sie für sich, Ihre Familie, Ihr Unternehmen und Ihre Mitarbeiter finanzielle Probleme lösen.

Wenn Sie daher mit Ihrem Unternehmen in die nächste Umsatz-Liga wollen - dann machen Sie das. Das ist eine gute Sache. Lassen Sie sich nicht von irgendwem einreden "small is beautiful".

Wer es gerne klein mag, soll klein bleiben.
Wer höher hinaus will, soll dort auch hinkommen.

Wir brauchen in Europa mehr Menschen die groß denken. Wir brauchen Sie mit dabei.

Lassen Sie sich nicht aufhalten.

Wenn Sie also manchmal spät nachts aus dem Fenster schauen und sich fragen: "Habe ich wirklich, was es braucht, um es zu schaffen?" - dann verrate ich Ihnen jetzt: Das frage ich mich auch. Immer wieder seit 18 Jahren, in denen ich ein Unternehmen habe.
Und jeder Unternehmer und jede Unternehmerin, die ich kenne, zweifeln regelmäßig daran, ob er oder sie es wirklich schaffen werden.
Aber: Sie haben schon gezeigt, dass Sie es draufhaben und haben mit Ihrem Unternehmen mehr aufgebaut, als 90% der anderen Menschen in ihrem Leben je machen.
Sie schaffen auch den Rest.

Und wenn Sie schon ein paar Mal probiert haben, die "gläserne Umsatzdecke" zu durchbrechen und es bisher noch nicht geschafft haben, dann will ich Ihnen sagen: Es liegt nicht an Ihren Fähigkeiten.
Haben Sie sich auch schon ein paar Mal gedacht: "Ich wünschte, ich könnte mich selbst so gut beraten wie andere?".

Geht leider nicht. Wir sind uns selbst die schlechtesten Coaches.
Wir können unser Unternehmen nie so objektiv sehen wie jemand von außen.

„Wer in der Flasche sitzt, kann sein Etikett nicht lesen."

Ich brauche auch externe Berater, die für mich machen, was ich für unsere Kunden mache.
Sie sehen: Das hat nichts mit Ihnen zu tun.

Sind die letzten Zweifel beseitigt, dass Ihr Umsatzsprung eine gute Sache ist und Sie alles haben, was es dazu braucht?

Dann ans Werk!

3

UMSÄTZE LASSEN SICH DOCH NICHT KONSTRUIEREN. ODER DOCH?

Umsätze konstruieren - das klingt illegal.

Ist es auch - wenn Ihr Buchhalter für die Umsätze sorgt.
Ist es nicht - wenn Ihre Kunden für die Umsätze sorgen.

Nur: Wie bringen wir Kunden dazu, uns mehr Geld zu geben?
Gezielt, Planbar - quasi ingenieursmäßig?

Stellen Sie sich Ihr Marketing und Ihren Vertrieb als Maschine vor.
Eine Maschine, die läuft. Und die man auch schneller laufen lassen kann.
Man dreht einfach am richtigen Knopf und die Umsätze gehen nach oben.

Das heißt natürlich nicht, dass Ihre Maschine die Umsätze aus Luft erzeugt.
Da müssen Sie natürlich Arbeit, Zeit, Wissen und Geld reinstecken. Und es geht auch nicht immer – „Zack" - sofort.

Aber letztlich wüssten Sie: „Wenn ich das Programm durchmache, dann bekomme ich am Ende auch meine geplanten Umsätze."

Wie wäre das?
Würden Sie so eine Maschine für Ihr Unternehmen haben wollen?

Jetzt sagen Sie vielleicht: Sowas gibt es nicht.

Die Wahrheit ist: Fast jedes große, bekannte Unternehmen, das Sie kennen, hat so eine Maschine.
Wenn heute McDonalds, Zara oder KPMG eine neue Filiale irgendwo eröffnen, dann wissen die schon im Vornherein, wie viel Geschäft sie dort machen werden.

Bevor der erste Ziegel gesetzt ist und der erste Mitarbeiter angeheuert wurde.

Weil sie ein System haben. Eine Maschine, die vorhersehbar Umsätze produziert.

Jetzt könnte jemand natürlich sagen: "Ja, die großen Unternehmen, mit ihren tollen Marken und ihrem ganzen Geld, die können sich so was leisten ..."

Die Wahrheit ist genau umgekehrt.
WEIL diese Unternehmen irgendwann das System geknackt haben, WEIL sie ihre Maschine gebaut haben, sind sie so groß und erfolgreich geworden.

Ein Umsatzsprung lässt sich also ganz gezielt "konstruieren" - mit dem richtigen Marketing- und Vertriebs-System.

Aber lässt sich so ein System, so eine Maschine tatsächlich einfach so entwickeln? Muss man da nicht irgendwie zufällig - oder in einem Anflug von Genialität - draufkommen?

Betrachten Sie es umgekehrt.
Vielleicht sind Sie ja jemand, der für Kunden technische Leistungen erbringt.

Wenn ein Kunde Sie beauftragt, für ihn ein technisches System zu entwickeln, das genau Ihrer Expertise entspricht: Brauchen Sie da Zufall - oder einen Geniestreich - damit das klappen wird?

Natürlich nicht.

Sie können das.
Sie wissen, wie das geht.
Sie haben die nötige Erfahrung, die nötige Expertise, die nötigen Prozesse, die nötigen Tools.
Wenn der Kunde ein technisches System bei Ihnen bestellt, dann können Sie das auch liefern. Punkt.

Und warum soll das jetzt mit einem Umsatz-System nicht funktionieren?

4

DIE UNMÖGLICHE MASCHINE

Wenn ich den Vergleich technisches System und Vertriebssystem erkläre, dann tauchen meist zwei Fragen auf:

1. Ist das wirklich vergleichbar?
2. Warum hat das bei uns nicht funktioniert, denn wir haben das selbst schon probiert?

Zwei schlaue Fragen.
Beantworten wir sie nacheinander:

Frage 1: Ist das wirklich vergleichbar?

Hier ist die Argumentation:

"So ein technisches System, das können wir doch genau deshalb so gezielt konstruieren, weil wir meist alle Variablen kontrollieren können. Wir kennen die Technologie, wir beherrschen die Prozesse, wir kontrollieren die Schnittstellen. Mit anderen Worten: wir haben wenig Abhängigkeiten und deswegen können wir das System zuverlässig bauen.

Im Marketing und Vertrieb hingegen, gibt es so viele Einflüsse, die außerhalb unserer Kontrolle liegen: Die Situation beim Kunden, was die Wettbewerber machen, die Wirtschaftssituation, etc.

Wie soll man das zuverlässig anbieten?"

Und genau das ist das Merkmal schlechter Marketing- und Vertriebssysteme: Sie haben viel zu viele Abhängigkeiten, die man nicht kennt und nicht kontrolliert.

Ein gutes Marketing- und Vertriebssystem hingegen ist eines, bei dem diese Abhängigkeiten gering sind und kontrolliert werden können.

Das ist das, was die erfolgreichen Unternehmen irgendwann geschafft haben: so viele Variablen wie möglich zu kontrollieren - und auf alle anderen eine gute Antwort zu haben.

Frage 2: Warum hat das bei uns bisher nicht funktioniert - wir haben das doch schon selbst probiert?

Meine Vermutung: Weil Sie etwas ausprobiert haben, was Sie zum ersten Mal gemacht haben.

Beispielsweise eine neue Methode, um Kunden zu gewinnen.
Die haben Sie probiert, weil sie sich gut angehört hat.
Weil sie bei anderen Personen beeindruckende Ergebnisse gezeigt hat.
Weil sie plausibel aussah.

Und dann haben Sie es probiert - und es hat nicht geklappt.

Natürlich hat es nicht geklappt!
Wieso soll so etwas bei Ihnen gleich auf Anhieb klappen?

Egal wie gut die Methode ist: Es ist höchst unwahrscheinlich, dass sie deswegen auch automatisch zu Ihrem Unternehmen, Ihren Kunden, Ihren Produkten, Ihren Mitarbeitern und Ihrer Kultur passt.

Das ist wie irgendeinen Anzug zu bestellen, nur weil irgendein Star damit gut aussieht.
Und zu hoffen, dass Sie da genau reinpassen. Und darin auch so gut aussehen.

Das wäre kompletter Zufall.

Damit ein Marketing- und Vertriebssystem bei Ihnen zu einem Umsatzsprung führt, muss sowas in einer Reihe von Tests und Feedback-Schleifen angepasst werden.
Und selbst dann ist unklar, ob es überhaupt zu Ihnen passt.

Nachdem die zwei wichtigen Fragen beantwortet sind, lautet die nächste große Frage jetzt:

Wie baut man also ein Marketing- und Vertriebssystem, das:
- kontrolliert zum Umsatzsprung führt - mit möglichst wenig Unbekannten und möglichst wenig Abhängigkeiten
- perfekt zu Ihnen passt

Die Antwort ist so einfach, dass Sie es nicht glauben werden.

5

DER GANZ EINFACHE TRICK

Stellen Sie sich vor, Sie sind in einem Restaurant und suchen dort die Toilette auf.

Die Toilette ist wunderbar verziert mit schönem Fliesendekor.
Tausende von Fliesen hängen dort und ergeben ein Bild.
Ein großartiger Anblick - wenn da nicht Eines wäre:

Es fehlt eine Fliese!

Mittendrin im Bild klafft ein Loch. Offenbar ist die Fliese dort rausgefallen und wurde noch nicht ersetzt.

Und wenn Sie jetzt vor diesem Bild stehen - worauf schauen Sie jetzt?

Auf die Tausend Fliesen, die alle ganz wunderbar und makellos dort hängen?

Oder auf den hässlichen Platz, an dem die eine Fliese fehlt?

Natürlich schauen Sie auf das Loch. So sind wir Menschen eben gestrickt.

Und genauso geht es Ihnen in Ihrem Unternehmen:

All das, was dort wunderbar funktioniert sehen Sie nicht mehr.
Das haben Sie und Ihre ganze Mannschaft in vielen Jahren, mit viel Mühe und Arbeit aufgebaut.
Und es ist normal geworden.

Was Sie hingegen sofort sehen ist das, was nicht funktioniert.
Und dieses Loch zieht so viel Aufmerksamkeit auf sich, dass es nur schwer möglich ist, den Rest des Bildes zu sehen.

Und genau so geht es praktisch allen Unternehmern in ihren eigenen Unternehmen.
Es ist schwer, jeden Tag aufs Neue zu sehen, was denn alles gut funktioniert.

Es ist so „normal", dass man sich in vielen Fällen gar nicht vorstellen kann, dass es Unternehmen gibt, in denen diese Dinge nicht funktionieren.

Als Berater von außen, der schon Hunderte von Unternehmen gesehen hat, hat man hier einen unfairen Vorteil:

Man sieht ganz viele Dinge, die ganz hervorragend funktionieren.

Weil der Blick unverbraucht ist.
Weil man schon gesehen hat, in welchem jämmerlichen Zustand das bei anderen Unternehmen ist.
Und weil man darauf geschult ist, diese Dinge sofort zu erkennen.

Sie kennen das vermutlich von Ihren eigenen Kunden.
Sie kommen dorthin ... und erkennen sofort, was dort nicht optimal läuft – und was ganz hervorragend funktioniert. Ihr Kunde hingegen kann das alles nicht erkennen.
Und es ist für Sie manchmal völlig unverständlich, warum das dort niemand schon längst kapiert hat.

Es ist so, als würden Sie "die Matrix" sehen (wie im gleichnamigen Film mit Keanu Reeves): Sie erkennen die Realität, so wie sie ist. Während alle anderen Ihre eigene Realität sehen, aus der sie nicht ausbrechen können.

Die Herausforderung ist nun: Wie können Sie die "Matrix" in Ihrem eigenen Unternehmen sehen?
Wie vermeiden Sie den Tunnelblick und können damit erkennen, was schon fast perfekt läuft - und wo nur noch der letzte Schliff fehlt?

Denn hier ist die Realität der meisten Unternehmen:

Sie haben so viel aufgebaut in all den Jahren. Auch in Marketing und Vertrieb.
Meist ist es so, dass Ihre komplette Maschine fixfertig bei Ihnen im Unternehmen steht.
Nur irgendwie funktioniert sie noch nicht so, wie Sie es gerne hätten.

Sie stottert. Oder funktioniert nur manchmal. Oder läuft nur im ersten Gang.

Und wissen Sie was?
Fast immer fehlt nur eine Kleinigkeit.

Und hier ist das ganze Geheimnis für Ihren Umsatzsprung:

> *Statt irgendwas Neues zu erfinden: Verbessern Sie einfach das, was Sie schon haben.*

Machen Sie aus Ihrem aktuellen Marketing- und Vertriebssystem 1.0 -
Ihr Marketing- und Vertriebssystem 2.0.

Denn das, was Sie schon alles aufgebaut haben, funktioniert ja schon.

Natürlich, das Resultat ist noch nicht das, das Sie sich wünschen.
Aber das liegt nur selten daran, dass Ihr bestehendes System schon ausgereizt ist und da keine Luft mehr nach oben ist.
Im Gegenteil, da geht fast immer noch jede Menge (und wie Sie noch sehen werden, brauchen Sie vermutlich viel weniger für Ihren Umsatzsprung als Sie glauben).

Verbessern statt Erfinden hat massive Vorteile:

- Es ist viel einfacher (Verbessern ist immer leichter als Neu machen)
- Es geht viel schneller (weil 90% schon da ist)
- Es passt zu Ihnen, Ihren Produkten, Ihren Kunden, Ihren Mitarbeitern, Ihrer Kultur, Ihrer Branche (da kommt es schließlich her)
- Es funktioniert fast sicher (es funktioniert ja jetzt schon einigermaßen)

Ja, Bestehendes verbessern ist nicht so sexy, wie dem neuesten Trend nachzulaufen.
Und zugegeben: für jene, die auf der Suche nach der neuen hippen, schillernden Marketing-Taktik sind, ist die Vorgangsweise vielleicht sogar langweilig.

So langweilig ein Umsatzsprung für Unternehmer eben sein kann.

6

WARUM EIN UMSATZSPRUNG VIEL EINFACHER IST, ALS SIE VIELLEICHT GLAUBEN

Challenge: Falls Sie bisher dachten, Mathe und Betriebswirtschaftslehre sind trocken, abstrakt und für Marketing und Vertrieb unwichtig - dann geben Sie mir jetzt 6 Minuten und dann urteilen Sie noch mal.

Bleiben Sie dran, ich verspreche, Sie würden es bereuen, wenn Sie dieses Kapitel überspringen.

Ich will Ihnen vorrechnen, wie Ihr Umsatzsprung entsteht - und zwar ganz logisch und mathematisch.
Sie werden sehen, es ist viel einfacher, als Sie dachten.

Nehmen wir als Beispiel das fiktive Unternehmen "Tausendsassa Software". Es entwickelt Apps für Kunden.

Das Unternehmen hat im Jahr 100 gute Leads, die Interesse an Apps zeigen und deswegen mit dem Unternehmen in Kontakt treten. Diese kommen aus einem Mix von Google Ads, Messebesuchen, Empfehlungen und aus dem Netzwerk der Gründer.

Von diesen 100 Leads kann das Unternehmen in Gesprächen und Terminen 20 zu Kunden machen.

Jeder dieser Kunden bringt dem Unternehmen im Schnitt 100.000 Euro Umsatz.
 Das ergibt 2 Millionen Euro Umsatz pro Jahr:

$$100 \times 0{,}20 \times 100.000 = 2.000.000$$

Tausendsassa Software möchte einen moderaten Umsatzsprung von 30%.

Um das zu erreichen, braucht das Unternehmen nur einen dieser 3 Faktoren um 30% zu steigern:

Statt 100 Leads -> 130 Leads *oder*
Statt 20% Abschlussquote -> 26% *oder*
Statt 100.000 € pro Kunden -> 130.000 €

Klingt alles machbar, stimmt's?

Noch einfacher wird es, wenn wir das aufteilen - und jeden der 3 Bereiche um 10% steigern:

Statt 100 Leads -> 110 Leads *und*

Statt 20% Abschlussquote -> 22% *und*

Statt 100.000 € pro Kunden -> 110.000 €

Klingt absolut machbar, oder?

Wenn Sie jetzt so drauf schauen, dann könnte man auf die Idee kommen, dass ein 30%-Umsatzsprung doch ein viel zu lasches Ziel ist.

Tausendsassa findet das auch und will jetzt einen Umsatzsprung von 100%.

Wir teilen die 100% wieder gleichmäßig auf alle 3 Bereich auf.

Wir brauchen dazu aber nicht jeweils 33%, sondern nur 25%, denn:

$$1,25 \times 1,25 \times 1,25 = 1,95$$

(ok, 5% fehlen uns noch auf die Verdopplung, aber die sparen wir uns hier, damit wir leichter rechnen können)

Für einen Umsatz-Verdopplungs-Sprung braucht Tausendsassa daher:

Statt 100 Leads -> 125 Leads und
Statt 20% Abschlussquote -> 25% und
Statt 100.000 € pro Kunden -> 125.000 €

Das lässt sich vermutlich leicht durch eine zusätzliche Marketingmaßnahme, einen besseren Verkaufsprozess und ein passendes Upselling-Programm realisieren.

Und wenn Sie diese Maßnahmen jetzt sauber umsetzen, dann ergibt sich Ihr Umsatzsprung ganz logisch und mathematisch. Geht gar nicht anders.
Wenn Mathe nur immer so einfach und nützlich wäre ;-).

Nun gut: Der Umsatzsprung könnte also tatsächlich funktionieren.
Aber wie genau soll das gehen?

Gut, dass Sie fragen.

7

IN 6 SCHRITTEN ZUM UMSATZSPRUNG.

Hier ist der Prozess:

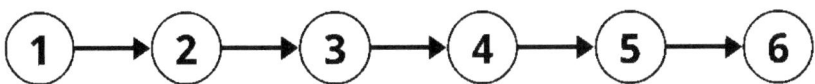

1. Vielversprechende Hebel finden
2. Den besten Hebel auswählen
3. Hebel verbessern
4. Testen, schrauben, Gas geben
5. Optional: nächsten Hebel wählen
6. Umsatzsprung feiern

Klingt einfach – ist es auch.
Das ist das Modell, das wir selbst bei unseren Kunden anwenden.

Diese Schritte – und die 7 Hebel, die ich jetzt gleich erklären werde – sind der Schlüssel dafür, dass Sie einfach, schnell und sicher zu Ihrem Umsatzsprung kommen

Auf den nächsten Seiten erkläre ich jeden Schritt und jeden Hebel ausführlich. Los gehts!

8

PROZESS-SCHRITT 1:
VIELVERSPRECHENDE HEBEL FINDEN

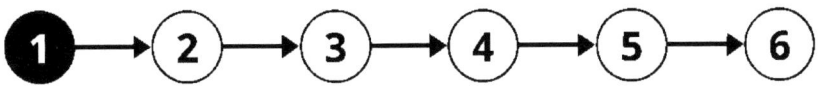

Damit Sie etwas verbessern können, müssen Sie erst mal wissen, wo Sie anfangen sollen.

Wir haben uns irgendwann mal hingesetzt und gefragt: Gibt es in all unseren Kundenprojekten nicht Gemeinsamkeiten? Dinge, die immer wieder vorkommen? Dinge, die meist den Unterschied machen? Dinge, die wir immer und immer wieder machen, weil Sie gute Ergebnisse liefern?

Und dann haben wir über 30 Kundenprojekte aus den letzten Jahren durchforstet.

Und tatsächlich: Es gab einige „Hebel" – also Verbesserungen, welche die mit Abstand größte Wirkung erzielen.

7 Hebel, um genau zu sein:

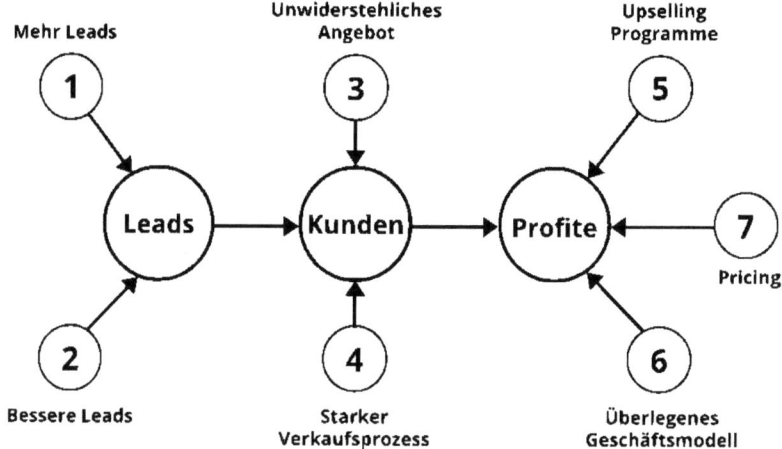

1. Mehr Leads
2. Bessere Leads
3. Unwiderstehliches Angebot
4. Starker Verkaufsprozess
5. Upselling-Programme
6. Pricing
7. Überlegenes Geschäftsmodell

Wenn wir jetzt zu Kunden kommen, schauen wir praktisch nur noch auf diese 7 Hebel – und finden heraus, welche bei diesem Klienten die größte Wirkung erzielen werden.

Dieser Schritt – Finden der passenden Hebel – ist der wichtigste Schritt im ganzen Prozess. Und die Basis für Ihren Umsatzsprung.

Deswegen bekommt er hier im Buch auch am meisten Platz. Wir schauen uns jetzt jeden der 7 Hebel genau an:

- Mythen und Missverständnisse werden entlarvt.
- Wie es tatsächlich funktioniert.
- Wie man Verbesserungen umsetzen kann.
- Und eine kleine Case Study dazu.

Hier lang!

9

HEBEL NUMMER 1: MEHR LEADS.

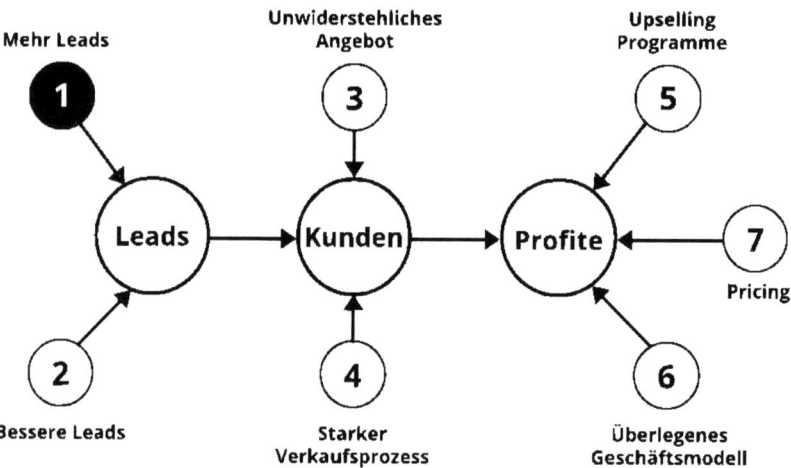

Mehr Leads, mehr Interessenten, mehr Aufmerksamkeit – wer hat davon denn schon genug?
Keiner, sollte man meinen. Aber stimmt das überhaupt?

Der Mythos:

Fast alle Unternehmen glauben, dass eines ihrer größten Probleme ist, dass sie nicht genügend Leads haben: „Wir bekommen einfach nicht genügend Aufmerksamkeit und Interesse. Denn würden nur genügend Leute von unserem tollen Service und unserem großartigen Produkt wissen, dann würden es auch viel mehr kaufen."

Und das mag jetzt stimmen, oder eben auch nicht.

Falls das wirklich stimmt, dann ist es eine gute Nachricht, denn das ist ein Luxusproblem.

Das ist eigentlich gar kein Problem, es ist nur ein Kostenfaktor. Denn es gibt Tausende Anbieter, die eine Zielgruppe mit Informationen und Unterhaltung bedienen, allen voran die großen sozialen Medien.

Diese stellen Werbeplätze zur Verfügung, und das verhältnismäßig günstig. Man kann mit kleinen Summen hier einsteigen. Und man kann in einer noch nie gekannten Präzision Zielgruppen ansprechen.

Wenn Sie wollen, drehen Sie heute noch ein Video mit ihrem Smartphone, schreiben einen Text dazu und haben eine Anzeige. Die können Sie dann mit ein paar hundert Euro unter Tausenden von potenziellen Kunden verbreiten. Mit unglaublich guter Zielgenauigkeit und all das leicht messbar.

Und vielleicht haben Sie Recht, und es lag tatsächlich nur daran, dass zu wenig Menschen von Ihnen wussten. Dann haben Sie das Problem jetzt selbst gelöst.

Die Realität:

Die Wahrheit ist: es liegt meist nicht an der Menge der Leads.
Überlegen Sie mal: Jetzt schon haben Webseiten auch von kleinen Unternehmen jede Menge Besucher.

Sogar wenig bekannte Unternehmen haben in der Regel mehr als 1.000 Besucher im Monat.
Auch wenn wir davon ausgehen, dass 90% davon nicht Ihre Zielgruppe sind, dann sind das immer noch 100 qualifizierte Besucher im Monat.

Und wie viele von diesen 100 Besuchern treten jetzt mit dem Unternehmen in Kontakt?

Meistens gar keine.

Und jetzt ist natürlich die Frage, warum sollte das jetzt anders werden, nur weil es mehr Besucher sind? Wenn ein Unternehmen von 100 Besuchern keine Anfrage bekommt, warum sollen wir dann plötzlich jede Menge Anfragen kriegen, nur weil zwei- oder dreimal so viele Besucher da sind?

Wahrscheinlich sind das dann immer noch Null.

Dass es nicht genügend Leads gibt, ist in der Regel ein Symptom der wirklichen Ursache. In den meisten Fällen ist es ein Symptom davon, dass die Botschaft, die das Unternehmen, über sich und ihre Produkte rausschickt,
- entweder nicht verstanden wird,
- die Botschaft unglaubwürdig ist,
- langweilig ist,
- oder kein wirkliches Problem der potenziellen Kunden löst.

Und deswegen ist das Interesse gering.

Nicht, weil es nie jemand gesehen hat.
Sondern weil es eben niemanden berührt.

Die Lösung:

Machen Sie einen Test.
Investieren Sie in Werbung.
Am besten auf den sozialen Medien, das geht schnell und unkompliziert und kostet nicht viel. Da können Sie mit ein paar hundert Euro ein paar Tausend Personen in Ihrer Zielgruppe erreichen.
Und dann sehen Sie anhand der „Response", der Antworten darauf, ob das tatsächlich funktioniert und Sie daraus gute Kontakte generieren.

Falls ja: Wunderbar, dann haben Sie hier tatsächlich etwas gefunden, das für Sie funktioniert.

Falls nein: Dann liegt es eben nicht an diesem Hebel. Dann sind mehr Leads nicht Ihr Problem. Sie sollten daher zuerst andere Hebel verbessern, sonst verschleudern Sie nur Geld.

Case Study: Talentvorsprung

Wir bieten unter der Marke Talentvorsprung ein Schwesterprodukt an und zwar: digitale Job-Stories. Digitale Job-Stories, das ist so, als ob Sie Kunden im Internet finden wollen, die Ihre Produkte kaufen – nur suchen Sie eben keine Kunden, sondern Mitarbeiter und Sie bieten keine Produkte an, sondern einen Job.

Digitale Job Stories sind so eine Art Ferrari unter den Job-Anzeigen.

Dieses Produkt ist daraus entstanden, dass Kunden uns gefragt haben, ob wir nicht statt Kunden auch Mitarbeiter suchen können mit unseren Methoden.

Das haben wir dann ausprobiert. Und das hat sehr gut funktioniert, überraschend gut sogar – und deswegen haben wir daraus ein Produkt gebaut.

Und jetzt war natürlich die Frage: Wollen auch andere Leute dieses Produkt haben?

Denn dieses Produkt hat eigentlich alle Voraussetzungen erfüllt: Es ist ein einfaches Produkt, es löst ein klares Problem, es hat eine klare Zielgruppe und es hat eine klare Differenzierung gegenüber anderen Produkten am Markt (kostet mehr als eine Jobanzeige, bringt aber auch deutlich mehr).

Und falls jetzt die Annahme stimmt, dann sollten wir auch mehr Interesse bekommen, wenn wir dieses Angebot mehr Leuten unterbreiten.

Und in der Tat war das tatsächlich so. Als wir das Produkt auf LinkedIn den passenden Personen direkt angeboten haben, gab es eine sehr gute Response drauf: Wir hatten dann 6 bis 8 Termine in der Woche für dieses Produkt.

Der Hebel war tatsächlich „mehr Leads".

10

HEBEL NUMMER 2: BESSERE LEADS

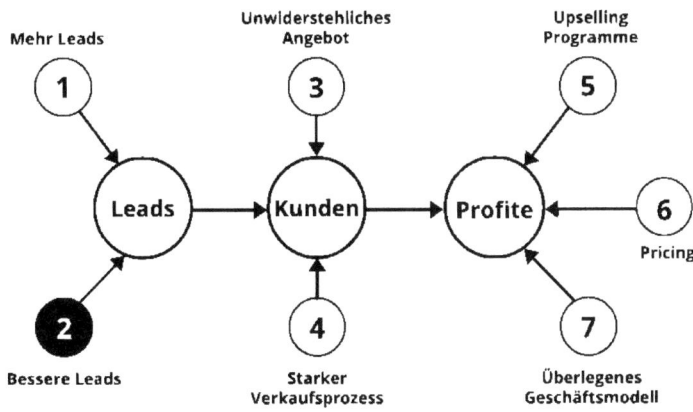

Oft geht es nicht darum, dass Sie mehr Leads (Interessenten) brauchen, sondern Sie hätten gerne *bessere* Leads.

Interessenten, die perfekt zu Ihnen passen. Die das suchen, was Sie haben. Die auf die Sachen Wert legen, die Sie besonders gut können. Und die idealerweise auch einen aktuellen Bedarf haben.

Denn die anderen, die nicht so guten Leads, die kosten Sie Zeit und die verursachen Kosten im Vertrieb. Und das Ergebnis ist: „Der Kunde wollte was anderes (oder wen anderen)."

Wenn Sie also den nicht-so-guten Leads signalisieren: „Sie werden hier nicht finden, was sie suchen", dann kosten diese Sie keine Zeit mehr und Sie können sich um die perfekten Kunden kümmern.

Und diese natürlich viel besser betreuen. Und damit viel wahrscheinlicher an Land ziehen.

Das heißt, Sie brauchen nicht *mehr*, sondern die *perfekten* Kunden. Die, mit denen das Arbeiten auch Spaß macht. Kunden, die einfach am besten zu Ihrem Unternehmen passen.

Der Mythos:

Die meisten Unternehmen glauben, sie kennen Ihre Kunden.

Und das stimmt natürlich.
Aber wenn es darum geht, mehr Interessenten zu gewinnen, dann hilft das nicht weiter.

Denn was die Unternehmen dann wissen müssen ist: Warum die Nicht-Kunden noch NICHT bei Ihnen gekauft haben.

Und hier verlassen sich die Verkäufer meist auf die Ausreden der Kunden: Falscher Zeitpunkt, zu hoher Preis, Geschäftsführer kennt einen anderen Anbieter persönlich. Jetzt wissen wir aber alle aus eigener Erfahrung, dass das zu 90% nur Vorwände sind.

Fragen wir also bei unseren Kunden nach: „Wer ist euer idealer Kunde?" dann kommen meist irgendwelche demographischen Kriterien:
"Ja, unser Kunde ist der IT-Leiter oder der Finanzchef oder der Geschäftsführer in einem mittelständischen Industrieunternehmen im deutschsprachigen Raum".

Das ist natürlich eine praktische Beschreibung, die hilft, diese Menschen zu finden.

Es ist aber eine völlig unpraktische Beschreibung von Menschen, die perfekte Kunden sind.

Die Realität:

Die Realität ist, dass auf perfekte Kunden andere Kriterien zutreffen.
Da geht es meist um Faktoren wie:

- Was ist das größte Problem dieses Unternehmens, das wir mit unserem Angebot lösen können?
- Was hat das Unternehmen bisher unternommen, um das Problem zu lösen?
- Warum hat das Unternehmen diese Herausforderungen denn gerade jetzt?
- Wie ist das Problem entstanden?
- Welche Erfahrungen mit Produkten wie unseren, sind bisher gemacht worden?
- Was hat das Unternehmen für eine Kultur?
- Wie ist die Persönlichkeit der Gründer?

Derartige Informationen geben meistens viel mehr Auskunft darüber, ob Sie als Anbieter perfekt zu diesem Unternehmen passen.

Die Lösung:

Diese „soften" Kriterien klingen jetzt natürlich viel schwammiger, als die Postleitzahl und die Anzahl der Mitarbeiter. Außerdem sind sie von außen schwer messbar.

Der Prozess, um hier ein Schritt weiterzukommen, das ist folgender:

1. Gehen Sie alle Kunden, die Sie in letzter Zeit akquiriert haben durch und dann teilen Sie diese in zwei Gruppen.

2. Auf der einen Seite, da legen Sie die hin von denen Sie sagen: "Mit denen arbeiten wir gerne. Das hat sich bewährt. Das hat gut geklappt. Da haben wir rasch Erfolge gehabt",

3. Und auf die andere Seite, da legen Sie die Kunden hin, von denen Sie sagen: "Mit denen werden wir nicht warm. Der Kunde vertraut uns noch nicht so richtig. Das Projekt verzögert sich ständig. Wir diskutieren über Details, um die es in Wirklichkeit gar nicht geht" und so weiter.

4. Dann geht es darum herauszufinden, was haben alle in der Gute-Kunden-Gruppe gemeinsam - und was unterscheidet die von allen in der anderen Gruppe?

Tipp: Was wir bei uns machen: wir drucken Fotos, von den Entscheidungspersonen in diesem Unternehmen aus und trennen die Gruppen anhand der Bilder. Denn dann kommen automatisch persönliche Merkmale mit ins Spiel - und die sind oft entscheidend.

Case Study: Individuelle Softwareentwicklung

Hier ein Beispiel von einem unserer Kunden, einem Unternehmen aus der Software-Entwicklung.

Dort haben wir dieselbe Übung gemacht: Zwei Gruppen gebildet: Die „idealen" Kunden und die „so lala" Kunden.

Und was haben die „Idealen" alle jetzt gemeinsam und unterscheidet sie von den „So la la's"?

Es hat eine Weile gedauert, aber irgendwann rief jemand aus der Gruppe: "Ich hab's - all die Unternehmen, mit denen wir sehr gut gearbeitet haben, die haben schon mal ein Softwareprojekt in den Sand gesetzt."

Ja, und in dem Moment wurde es plötzlich sehr deutlich, worum es hier geht.

Denn die perfekte Zielgruppe waren in punkto Software-Projekte „gebrannte Kinder". Die haben schmerzlich gelernt, dass Softwareprojekte scheitern können.
Und das ist sehr teuer, sehr mühsam, sehr ärgerlich. Und das wollen die nicht mehr haben.

Die haben also beim nächsten Softwareprojekt auf ganz andere Kriterien geschaut und nach einem anderen Typ Anbieter Ausschau gehalten.

Auf einen Anbieter, der offenbar die Prozesse im Griff hat, Risiken managen kann, der eine ausgereifte Kommunikationskultur hat.

Im Gegensatz zu jenen Unternehmen, die zum ersten Mal ein Softwareprojekt machen und daher unerfahren sind und vielen Behauptungen einfach Glauben schenken.
Und durch diese, oft zu optimistische Haltung, naiv an die Sache herangehen und dann Schiffbruch erleiden.

Die perfekte Zielgruppe ist also: Die, die kein Risiko mehr eingehen wollen.

11

HEBEL NUMMER 3: EIN
UNWIDERSTEHLICHES ANGEBOT

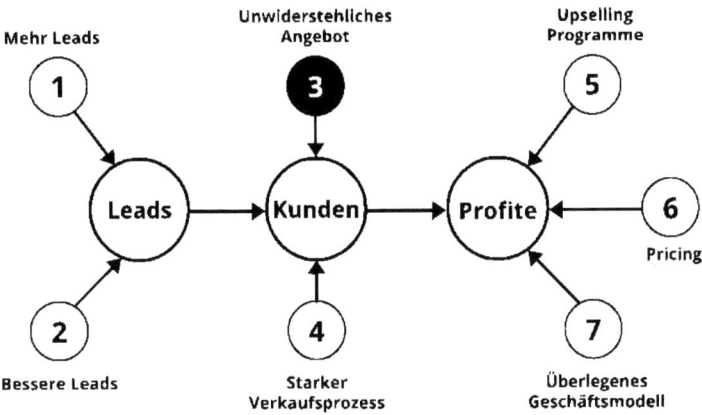

Am Ende des Tages gibt es nichts, was Verkauf leichter macht als ein starkes Angebot.

Aber was genau ist das?

Der Mythos:

Die Denkfalle, in die die meisten Unternehmer tappen, ist, dass sie ihr Produkt oder ihre Dienstleistung mit ihrem Angebot verwechseln.

Und das stimmt eben nicht, oder besser gesagt, das stimmt eben nur zum Teil.

Ein starkes Angebot ist die starke Antwort auf das Problem, das der Kunde lösen will (wir erinnern uns: Unser idealer Kunde definiert sich über ein Problem, für das wir eine gute Lösung haben).

Und natürlich spielt irgendwo in diesem Angebot das Produkt und die Dienstleistung eine Rolle.

Aber in vielen Fällen interessiert den Kunden das Produkt selbst gar nicht. Denn er ist nur an dem Ergebnis interessiert, das dieses Produkt erzeugt.

Und alles, was dieses Ergebnis einfach, schnell, sicher und effizient bringt, ist ein gutes Angebot. Mit Ihrem Produkt hat das erst mal wenig zu tun.

Die Realität:

Ein starkes Angebot bietet alles, was der Kunde braucht, um sein Problem zu lösen.

Denken Sie so drüber nach:

Angenommen, der Kunde würde Sie nur bezahlen, wenn am Ende sein Problem weg ist. Sollte es immer noch da sein, bekommen Sie nichts.

Wenn Sie bei Ihrem derzeitigen Angebot jetzt Bedenken hätten, so ein Geschäft einzugehen, dann können Sie Ihr Angebot vermutlich noch verbessern.

Beispiel:

Nehmen wir an, Sie bieten Webdesign an und bauen für Kunden Webseiten.

Dann haben Sie vermutlich ein gutes Angebot, wenn Ihr Kunde eine Webseite sucht.

Viele Kunden, die eine Webseite suchen, wollen allerdings gar keine. Sondern sie wollen Kunden aus dem Internet gewinnen.

Und dann ist eine Webseite (von Ihnen oder von jemand anderem) vielleicht kein gutes Angebot.

Denn wenn die Kunden ihre Webseite bekommen haben, wundern sie sich wahrscheinlich, warum sie immer noch keine Kunden aus dem Internet bekommen.

Das enttäuscht und verärgert sie und sie fragen sich dann, wozu sie das ganze Geld ausgegeben haben.

Denn der Kunde hätte nicht einfach nur eine Webseite gebraucht, sondern eine Webseite, die Besucher in Kunden verwandelt.
Und zusätzliche Maßnahmen, die ihm möglichst viele passende Besucher auf die Webseite schicken.

Alles das zusammen wäre ein besseres Angebot.

Die Lösung:

Und was macht jetzt so ein unwiderstehliches Angebot aus?

1. Das Angebot löst ein GROSSES Problem
Für große Probleme bekommen Sie gutes Geld, für kleine Probleme nur kleines. Und wenig Priorität beim Kunden.

2. Der Kunde hat schon erfolglos versucht, das Problem selbst zu lösen
Dann weiß er, dass es nicht so einfach ist. Er ist bereit, für kompetente Problemlösung jemanden gut zu bezahlen.

3. Sie können das gewünschte Resultat rasch erzielen
Je schneller, desto besser. Außerdem stellen Sie damit sicher, dass der Kunde dranbleibt und möglichst wenig dazwischenkommen kann.

4. Sie können dem Kunden Sicherheit geben
Sie können sein gewünschtes Resultat mit hoher Sicherheit erzielen. Wenn Sie dem Kunden eine Garantie geben können – oder nur bei Erfolg bezahlt werden, dann sinkt das Risiko des Kunden.

Und das Risiko des Kunden ist gerade im B2B der
Verkaufskiller Nr. 1

Case Study: Umsatzsprung

Mein Unternehmen „Umsatzsprung", ist genau daraus
entstanden, dass ich meinen Kunden ein besseres Angebot
machen wollte.

Bereits früher habe ich Unternehmen dabei unterstützt,
Ihre Umsätze zu steigern. Damals vor allem durch
Beratung und Verkaufstrainings.
Und das war letztendlich kein so gutes Angebot, wie ich
anbieten wollte. Denn: Beratung und Trainings bringen
dem Kunden nicht zwingend bessere Umsätze.

Da gibt es viel zu viele Abhängigkeiten und viel zu viele
Unsicherheiten.
Da kann in der Umsetzung viel zu viel schiefgehen.

Der Hauptgrund ist: Der Kunde setzt die Empfehlungen
einfach nicht um.

Und jetzt könnte man natürlich sagen: Naja, da ist der Kunde aber schon selbst dran schuld.

Mag sein, aber die Schuldfrage ist müßig. Es war ja auch nie der Fall, dass der Kunde mir deswegen böse war.

Aber Fakt bleibt: das Ziel ist nicht erreicht. Der Kunde ist immer noch da, von wo er wegwollte.

Das Ziel war also, möglichst viele der Hürden und Schwierigkeiten aus dem Weg zu räumen, damit der Kunde auf seinem Weg zum Umsatzsprung nicht stecken bleibt. Oder falsch abbiegt, ihn der Mut verlässt oder er vor lauter Details nicht mehr weiß, wo er anfangen soll.

Das heißt neben Beratung bieten wir Kunden heute ein komplettes Begleitprogramm an: Coaching in allen Bereichen, Tools, Vorlagen, Trainings, ein Experten-Netzwerk, einen Erfolgsmanager etc.

Also ein gesamtes Paket, damit möglichst nichts mehr schief gehen kann.

Und das ist für die passenden Kunden natürlich ein wesentlich interessanteres Angebot als reine Beratung oder Trainings.

12

HEBEL NUMMER 4: EIN STARKER VERKAUFSPROZESS

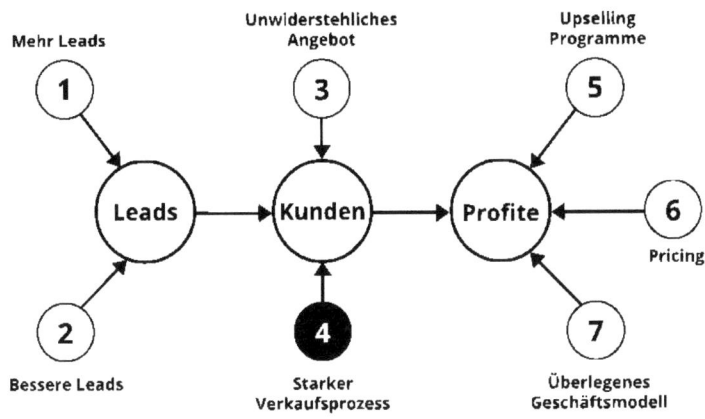

"Wie sieht denn Ihr Verkaufsprozess aus?"

"Naja, das kommt darauf an."

Übersetzt heißt das: Wir haben keinen Verkaufsprozess. Wir warten, bis sich Verkaufschancen irgendwie auftun und überlegen dann, wie wir in jedem Fall am besten vorgehen.

Der Verkaufsprozess wird jedes Mal aufs Neue erfunden.

Der Mythos:

Die meisten Unternehmen glauben, sie brauchen einfach nur gute Verkäufer. Dann würde der Verkauf von selbst laufen - weil diese Leute, die wüssten dann schon, was sie zu tun haben.

Vielleicht haben Sie das schon selbst miterlebt: Ein Unternehmen heuert gute Verkäufer an. Leute, die im vorigen Unternehmen sehr gute Ergebnisse erzielt haben. Die werden also angeheuert, mit viel Geld und mit großen Versprechungen.

Und auf die großen Erwartungen folgen die großen Enttäuschungen. Irgendwie bringen die Leute nichts zusammen. Die Umsätze bleiben aus.

Der Grund dafür ist natürlich nicht, dass diese Leute jetzt plötzlich demotiviert oder nicht mehr hungrig sind; oder gar dumm geworden sind.

Sondern das ist häufig ein Zeichen dafür, dass diese Person im vorigen Unternehmen deswegen gute Erfolge erzielen konnte, weil es dort einen guten Verkaufsprozess und klare Angebote gegeben hat.

Und im neuen Unternehmen gibt es diese Rahmenbedingungen nicht mehr.

Und jetzt kommen alle Beteiligten drauf, dass dieser Verkäufer oder diese Verkäuferin diese Defizite nicht ausgleichen kann.

Und jetzt ist man zwar vielleicht vom neuen Verkaufsprofi enttäuscht.

Die Wahrheit aber ist: Das Unternehmen hat seine Hausaufgaben nicht gemacht.

Die Realität:

Mit einem richtig guten Verkaufsprozess können auch Anfänger und durchschnittliche Verkäufer passable Ergebnisse einfahren.

Apple wäre nie mit einer Strategie Weltmarktführer geworden, die heißt: Wir brauchen die besten Verkäufer.

Im Gegenteil, Apple hat für seine Verkäufer optimale Verkaufsbedingungen geschaffen: Leute, die in einen Applestore kommen, die haben im Kopf schon gekauft.

Die gehen da nur noch rein, um eine finale Entscheidung zu treffen und um sich ein paar Dinge erklären zu lassen. Das kann auch ein ganz durchschnittlicher Verkäufer.

So einen Ball bringt fast jeder ins Tor, und das ist das Geheimnis:

Ein guter Verkaufsprozess stellt sicher, dass Verkaufspersonen zum richtigen Kunden zum richtigen Zeitpunkt mit dem richtigen Angebot kommen.

Denn dann kann jeder gut verkaufen.

Die Lösung:

Ja, und wie macht man das jetzt? Wie entwickeln Sie jetzt so einen Sales-Prozess?

Sie brauchen Antworten auf die folgenden Fragen:

- Wo finde ich meinen perfekten Kunden?
- Wie erkenne ich ihn?
- Wann ist der beste Zeitpunkt, diesen Kunden anzusprechen, und woran erkenne ich das?
- Wie spreche ich diesen Kunden jetzt am besten an?
- Was biete ich ihm für ein erstes Gespräch?
- Was will ich dann in diesem ersten Gespräch erreichen;
- und was sind dann die weiteren Schritte, mit denen ich diesen Interessenten Schritt für Schritt zu einem Kunden entwickle?

Und sobald Sie diese Antworten haben und diese umsetzen, haben Sie automatisch einen guten Sales-Prozess.

Case Study: IT-Dienstleister aus Österreich

Ziel war es, neue Kunden zu gewinnen, nachdem die bisherigen Methoden der Neukundengewinnung nicht den gewünschten Erfolg gebracht haben.

Der bisherige Prozess war, dass Kunden über die üblichen Marketing-Kanäle Beratungstermine angeboten wurden. So ein klassischer, unverbindlicher Beratungstermin.

Das hat nicht so toll funktioniert.

Und warum nicht?

Ja, weil wahrscheinlich niemand auf diesem Planeten heute in der Früh aufgewacht ist und sich gedacht hat: "Was ich wirklich mal gerne hätte, wäre so ein unverbindlicher Beratungstermin".

Das ist einfach kein attraktives Angebot.

Der neue Prozess sah hingegen vor, dem Kunden keine Verkaufsgespräche oder „Beratungstermine" anzubieten, sondern Minitrainings und Kompaktworkshops zu speziellen Themen.

Gut aufbereitete Termine mit konkretem Ergebnis. Also etwas, wofür der Kunde sogar bereit gewesen wäre, Geld zu zahlen.

Das Ziel dieser Trainings war, Vertrauen aufzubauen, Kompetenz zu zeigen, und Lust zu machen auf einen Anschlussworkshop, einen Zwei-Tage-Workshop. Um das Thema zu vertiefen und konkret im eigenen Unternehmen voran zu bringen.

Dieser zweite Termin wurde ganz normal kostenpflichtig zu üblichen Beratungs-Sätzen angeboten.

Das war ein einfacher Verkauf:
Der Kunde hat ja schon gezeigt, dass er sich für das Thema interessiert.
Außerdem hat er jetzt schon den Anbieter kennengelernt. Er hat die Kompetenz erlebt und auch die Möglichkeiten gesehen.

Dieser Anschlussworkshop war daher einfach zu verkaufen, mit einer Quote von fast 60%.

Wichtig ist, dass es nicht das Ziel war, mit diesen anschließenden Beratungsworkshops Geld zu verdienen. Dass die Workshops Geld gekostet haben, das hatte vor allem den Zweck, den Kunden zu qualifizieren. Denn dadurch zeigt dieser Kunde deutlich: "Ich bin bereit, hier

Zeit und Geld zu investieren und zeige damit, dass dieses Thema bei mir wichtig ist".

Im Anschluss an den zweiten Workshop war dem Kunden dann auch ganz klar, welche konkreten Chancen sich für ihn durch neue Technologien ergeben. Wie der Fahrplan dahin aussieht.
Und was es wahrscheinlich für ihn an Aufwand bedeuten würde, dorthin zu kommen.

Das war jetzt der richtige Zeitpunkt, um die eigentliche Leistung des Unternehmens anzubieten, nämlich die Realisierung dieses verbesserten IT-Systems.

Auch hier war der Verkauf dann sehr einfach. Denn nachdem der Kunde mit dem gemeinsam entwickelten Plan jetzt glücklich und motiviert war, musste der Anbieter nur noch fragen:

"Sollen wir Ihnen dabei helfen, diesen Plan jetzt umzusetzen?"

Die Neukundenakquise konnte durch diesen ganz einfachen, aber sehr effektiven Prozess gegenüber dem Vorjahr um mehr als das **Zehnfache (!)** gesteigert werden.

13

HEBEL NUMMER 5: UPSELLING

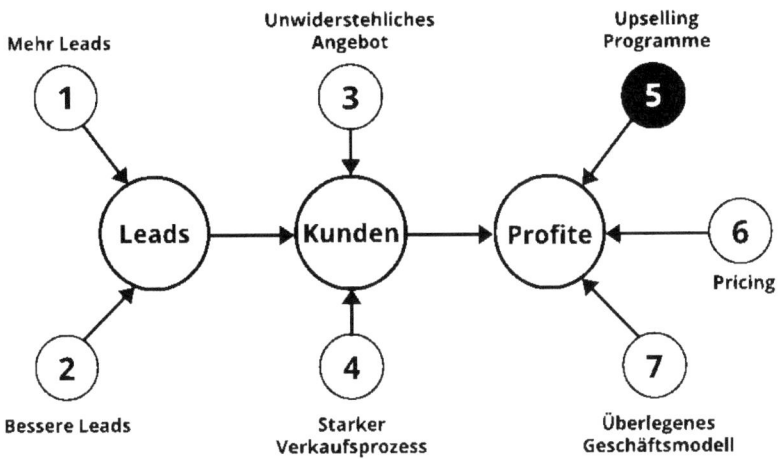

Aus irgendeinem Grund denken alle bei mehr Umsatz an: mehr Neukunden.

Dabei ist es 7-10 Mal einfacher, bestehenden Kunden mehr zu verkaufen, statt neue Kunden zu gewinnen.

Der Mythos:

Die meisten Unternehmen glauben, wenn sie mal einen Kunden gewonnen haben, dann müssen sie sich um den weiteren Verkauf nicht mehr kümmern.

Sie müssen jetzt einfach nur noch guten Service leisten und die Wünsche des Kunden gut befriedigen. Denn wenn er was braucht, dann weiß er ja, wo er uns findet.

Die Realität:

Das ist ein großer Fehler, denn so bleibt viel Geld auf der Straße liegen. Der Kunde kauft Leistungen, die man ihm hätte anbieten können, dann bei wem anderen, weil er gar nicht gewusst hat, dass diese sein Anbieter auch im Programm hat.

Oder er hat das Gefühl: „Die strengen sich gar nicht an, das anzubieten. Also wollen sie das vielleicht gar nicht verkaufen, vielleicht können sie es nicht so gut."

Also kauft er eben woanders.

Diesen Dialog habe ich sicher schon 20 Mal geführt:

„Und warum kaufen Ihre Kunden Ihre anderen Leistungen nicht?"

„Vermutlich wissen sie nicht einmal, dass wir diese Leistungen im Portfolio haben."

Ja, warum denn nicht?

Es ist nicht die Aufgabe der Kunden, sich über Ihr Angebot am Laufen zu halten. Und auch wenn es hart ist: Ihren Newsletter liest Ihr Kunde nicht.

Schauen wir uns an, wie andere Anbieter das machen. Anbieter wie Kreditkartenanbieter, Reiseveranstalter und Mobilfunkbetreiber.

Wenn wir dort etwas kaufen, dann wird uns ständig noch etwas Zusätzliches angeboten.
Irgendetwas, das dem Produkt, das wir gerade gekauft haben, mehr Wert gibt, das gut dazu passt, das die Attraktivität, die Sicherheit, den Komfort vergrößert.

Die haben verstanden: Wir haben jetzt in diesen Kunden so viel investiert, um ihn an Bord zu holen, da ist es auch sinnvoll, diesem Kunden mehr zu verkaufen als nur das eine Angebot.

Um es ganz klar auszudrücken:

Wenn Ihr Kunde etwas gekauft hat und Sie hätten noch etwas auf Lager, das den Wert für den Kunden noch deutlich steigern könnte, dann ist es eine Verkaufssünde, das nicht anzubieten.

Das ist schlechter Verkauf und Sie enthalten Ihrem Kunden etwas vor, was für ihn eine gute Sache sein könnte.

Die Lösung:

Überlegen Sie sich:

- Was wäre für unsere Kunden, die unsere Leistung jetzt in Anspruch nehmen, von Vorteil?
- Wie würden sie davon noch mehr profitieren können?
- Was können wir ihnen zusätzlich, davor oder danach als Paket anbieten?

- Was würde den Komfort, die Sicherheit, die Geschwindigkeit, die Qualität noch mal verbessern?

Dazu müssen Sie nicht nur im eigenen Haus schauen. Hier bieten sich natürlich Kooperationen mit anderen Unternehmen und Partnerschaften an.

Suchen Sie nach komplementären Angeboten, also nach etwas, das nicht nur zusätzlich Wert draufpackt, sondern Ihr eigenes Angebot gleichzeitig wertvoller macht.

Das hat einen weiteren großen Vorteil: Man kann dieses Paket nicht nur den eigenen Kunden anbieten, sondern natürlich auch den Kunden des Kooperationspartners - und damit die Kundenbasis von beiden ganz elegant vergrößern.

Case Study: Mobilfunk-Vertrag

Wenn Sie heute einen Mobilfunkvertrag abschließen, dann wird Ihnen noch alles Mögliche zusätzlich angeboten.

Zuerst mal ein Mobiltelefon. Da kostet dann Ihr Vertrag ein wenig mehr, aber man hat das Gefühl: Ich habe dieses

Handy sozusagen geschenkt bekommen. Natürlich wissen wir alle, dass das nicht stimmt, aber es fühlt sich trotzdem gut an.

Und jetzt haben Sie ein neues, schönes Mobiltelefon. Dann wird Ihnen natürlich noch eine Schutzfolie angeboten, damit Sie dieses großartige neue Handy jetzt auch gut schützen können, damit es auf keinen Fall gleich kaputt geht.
Diese Schutzfolie bekommen Sie um 14 Euro angeboten, dabei kostet sie im Einkauf wahrscheinlich gerade ein Zehntel davon.

Ja, und dann natürlich noch eine Versicherung dazu.
Denn stellen Sie sich vor, dieses schöne Handy, das Sie jetzt gerade gekauft haben, und auf das Sie jetzt ganz stolz sind - das fällt jetzt runter und ist kaputt.

Oder es fällt Ihnen in die Badewanne oder wird Ihnen geklaut.
Dann ist nicht nur das schöne Handy weg, sondern Sie müssen trotzdem noch monatelang dafür zahlen, weil Sie eine Bindung eingegangen sind. Für etwas, das Sie gar nicht mehr nutzen können. Das wäre ja doppelt schlimm, also ist es doch besser, gleich eine Versicherung zu kaufen.

So, jetzt haben Sie also Ihr schönes, geschütztes, versichertes Handy. Das wollen Sie doch zur Geltung bringen. Dazu gibt es alle möglichen Accessoires, Etuis und Taschen, mit denen Sie Ihr Smartphone individualisieren können. Damit wird es noch schöner und noch praktischer.

Die Margen auf diese Zusatzprodukte, sind viel höher als auf das Kernprodukt, den Mobilfunkvertrag.

So vergrößern die Anbieter sehr effektiv Ihre Umsätze und Profite.

14

HEBEL NUMMER 6: PRICING

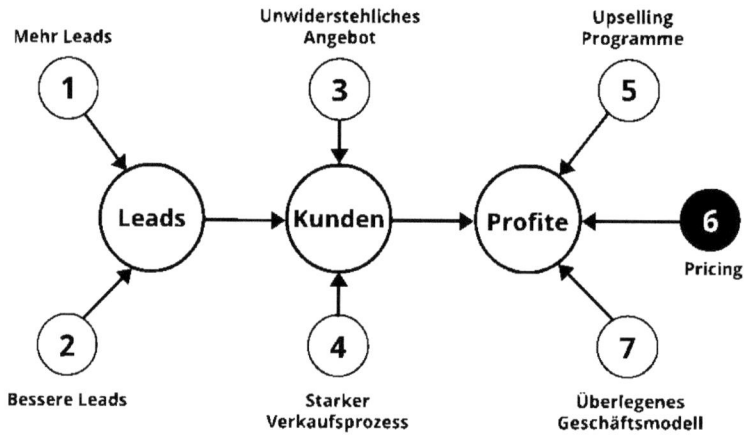

Die meisten Unternehmen haben klare Antworten darauf, wie viel ihre Leistungen, Produkte, Services kosten.

Was die meisten allerdings nicht wissen: Ist dieser Preis auch der Preis ist, mit dem sie ihren Profit maximieren?

Und die Erfahrung zeigt: Ist er nicht.

Der Mythos:

Die meisten Unternehmen legen Preise durch zwei Methoden fest.

Variante 1: Sie orientieren sich an den Kosten.
Sie überlegen, wie viel Material müssen sie einsetzen, wie viel Arbeitsstunden erbringen– multiplizieren mit irgendeinem Stundensatz - und zählen das dann zusammen.
Da schlagen sie dann noch ein bisschen was für das Risiko und den Gewinn oben drauf.
Fertig ist der Preis.

Variante 2: Sie schauen, was denn die Konkurrenz verlangt.
Diesen Preis machen sie dann ein bisschen niedriger, weil sie billiger sein wollen. Oder höher, um zu signalisieren: Mein Produkt ist besser.

Sie gehen einfach davon aus, dass sich mit diesem Preis ihr Geschäft auch irgendwie rechnet, denn die Konkurrenz schafft das ja auch.

Diese beiden Varianten haben natürlich den großen Vorteil, dass sie einfach sind.

Und sie haben den Nachteil, dass dabei praktisch nie der beste Preis rauskommt. Also der Preis, mit dem Unternehmen insgesamt am meisten Profit machen.

Die Realität:

Der beste Preis sollte im Idealfall davon abhängen, welchen Wert der Kunde von uns damit bekommt.
Wenn der Wert unseres Angebots für den Kunden gering ist, dann wird er wahrscheinlich nicht viel zahlen wollen.
Bekommt der Kunde hingegen einen hohen Wert, weil er damit ein großes Problem löst, dann hat es einen großen Wert, und dann darf auch der Preis hoch sein.

Mit diesem System vermeiden wir einerseits unter Wert zu verkaufen, und gleichzeitig vermeiden wir, Verkaufschancen zu verpassen, weil wir den Preis zu hoch ansetzen.

So, wie lässt sich das jetzt umsetzen?
Denn das würde bedeuten, dass wir für jeden Kunden einzeln herausfinden müssen, was unser Angebot für diesen Kunden wert ist.

Theoretisch wäre das natürlich die ideale Lösung, praktisch ist das hingegen schwierig.

Erstens ist es aufwendig und die Kunden müssten immer mitspielen. Was schwierig sein kann, denn die Kunden sind ja schlau, durchschauen das Spiel schnell und wollen damit Ihren Wert eher gering ansetzen.

Außerdem laufen Sie praktisch immer in Diskussionen, wie: „Offenbar können Sie das auch für den Betrag X, warum soll ich also mehr bezahlen? Das ist unfair!"

Die Lösung:

Hier ist die bessere Strategie: sich von Vorneherein auf jene Kunden zu konzentrieren, bei denen der Wert unserer Leistung mit Sicherheit hoch ist.

Wir erinnern uns an Hebel Nr. 4 (Angebot): Das sind Kunden, die ein großes Problem haben, das wir gut lösen können. Unser Angebot ist also dort viel wert und dann können wir dort von vornherein natürlich einen höheren Preis anbieten.

Damit zieht man natürlich eine Grenze:
Auf der einen Seite die Kunden, für die man ein gutes
Angebot zu einem fairen Preis hat (und bei denen Sie als
Anbieter gut verdienen)
Auf der anderen Seite die Kunden, für die man jetzt gar
kein Angebot mehr hat, weil der Preis für sie zu hoch ist.

Und das ist für viele Unternehmer schwierig, weil das heißt:
Sie werden einige Kunden verlieren oder nicht mehr
gewinnen können, die sie derzeit noch an Bord ziehen.

*Und so hart das ist: Wer Premium-Leistungen mit
Premium-Preisen verkaufen will, muss öfter „Nein" sagen.*

Wie kommen Sie jetzt zu einem neuen Preis?
Folgende Fragen helfen:

- Was ist unser Angebot für den Kunden wert? Was
  gewinnt er dadurch? In Euro, aber auch in anderen
  Faktoren wie Sicherheit, Komfort, Status, „peace of
  mind ", Kontrolle, Übersicht.

- Oder umgekehrt: Welche Verluste vermeidet er
  dadurch? Welche Risiken muss er weiterhin
  eingehen?

- Was würde der Kunde machen, wenn er eben nicht bei uns kauft? Welche Alternative hat er? Kann er zur Konkurrenz gehen? Was gibt es dort? Und ab welchem Preis würde er lieber bei der Konkurrenz kaufen wollen als bei uns?

- Oder gibt es eine ganz andere Lösung für ihn? Beispielsweise einen Mitarbeiter einzustellen?

- Was kostet es ihn, nichts zu tun? Wie schmerzhaft ist sein Status Quo?

Mit diesen Fragen kommen Sie vermutlich nicht auf eine einfache Zahl, eher auf eine Bandbreite.

Und hier ist der Tipp, wenn diese Bandbreite sehr groß ist: Konzentrieren Sie sich auf die ideale Zielgruppe, und die ist wahrscheinlich am oberen Ende.

Natürlich, damit verlieren Sie einige Interessenten, denen der Preis dann zu hoch ist, aber dafür verdienen Sie an den anderen umso mehr.

Profi-Tipp: **Höhere Preise wirken sich geometrisch auf den Profit aus.**

Denn:

Angenommen, Sie haben eine Umsatzrentabilität von 20%. Das heißt, von 100 Euro Umsatz, die Sie machen, bleiben Ihnen 20 Euro Profit übrig.

Erhöhen Sie jetzt Ihre Preise um 20%, VERDOPPELT sich Ihr Profit.

Denn statt 20 Euro von 100 Euro Umsatz bleiben Ihnen jetzt 40 Euro von 120 Euro übrig.

Case Study: SAP Berater

Letztes Jahr haben wir eine SAP-Beratungs-Boutique betreut.

Wie in der Branche üblich, hat das Unternehmen mehrere Leistungen angeboten: Migrationspakete, Programmierleistungen, Beratung, Projektbegleitung, etc.

Die Schwierigkeit dabei: Mit einem einheitlichen Stundensatz positioniert sich ein Anbieter hier automatisch am unteren Ende der möglichen Bandbreite. Denn ein Großteil der Leistungen ist mit der Konkurrenz praktisch ident und für den Kunden „commodity".

Die neue Positionierung: Wir machen nur noch das, was für unsere Kunden den größten Wert liefert. Und wo wir uns am besten abheben können. Alles andere bieten wir nicht mehr an.

Dafür kostet das ab jetzt das DOPPELTE (tatsächlich!).

Ergebnis: Die Kunden, die genau diese Leistungen beziehen, haben die höheren Preise akzeptiert. Vor allem bei Neukunden waren die höheren Preise kein großes Problem.

Natürlich hat das Unternehmen einige Aufträge verloren, allesamt dort, wo das Unternehmen sich von der Konkurrenz nicht abheben kann.

Dafür sind die Preise bei den anderen Kunden jetzt doppelt so hoch – und das entspricht bei einer

Umsatzrentabilität von 20% dann dem SECHSFACHEN Profit.

Dafür nimmt der Anbieter gerne in Kauf, dass er einige Kunden verliert.
Mit denen hat man dann ja auch keine Arbeit mehr.
Und kann sich besser um die „guten" Kunden kümmern.

15

HEBEL NUMMER 7: ÜBERLEGENES GESCHÄFTSMODELL

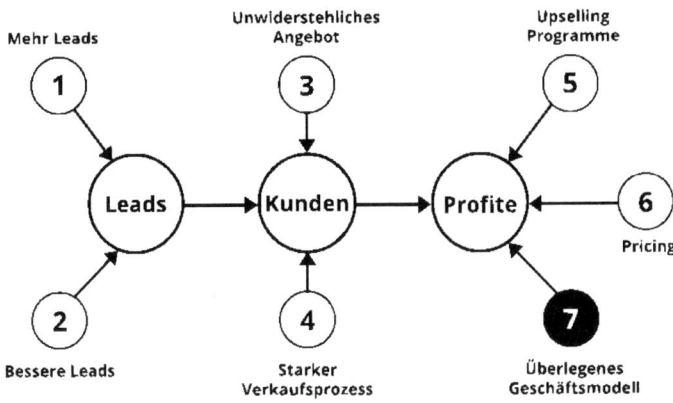

Die meisten Unternehmen nehmen ihr Geschäftsmodell als gegeben hin.

Dabei kann gerade eine Änderung des Geschäftsmodells ein unglaublicher Hebel sein, der viel größere Planbarkeit, viel leichteres Marketing und Verkauf ermöglicht und somit Umsatz und Profit enorm steigern kann.

Der Mythos:

Die meisten Unternehmen glauben, ihr Geschäftsmodell ist durch ihr Produkt oder ihr Service vorgegeben:
„Leistungen wie unsere bietet man so an."
„Produkte wie unsere verkauft man so."
„Die Kunden sind das gewöhnt, und wenn wir es jetzt anders machen, dann verwirren wir sie."

Die meisten Unternehmer glauben auch, wenn sie ihr Geschäftsmodell ändern würden, dann müssten sie ihr Unternehmen umbauen.
Sie bräuchten neue Produkte und Services, sie bräuchten neue Mitarbeiter.

Das ist alles viel zu aufwendig.

Die Realität:

Der Umbau eines Geschäftsmodells ist meistens wesentlich einfacher als gedacht.

In letzter Zeit sind beispielsweise viele IT-Unternehmen von einem Projektgeschäft auf ein laufendes Service-

Geschäft als Abo-Modell umgestiegen. Und der Wechsel ist meist einfacher als gedacht.

Natürlich müssen einige Produkte umgebaut werden, man braucht ein paar zusätzliche Leistungen, man verkauft die Services anders.
Aber die Kernleistung, die bleibt dieselbe. Und die Mitarbeiter, die man dazu braucht, bleiben dieselben.

Die Kunden passen sich oft viel schneller als gedacht an, vor allem dann, wenn das neue Geschäftsmodell ihrem Verständnis der Leistung viel eher entspricht.

Wer heute mit einem Unternehmen neu startet sieht viele Vorteile, IT Hardware und Software nur zu mieten, statt diese zu kaufen. Genauso wie Sie Ihre Büros mieten und die Reinigungskraft auch nicht als Angestellte beschäftigen.

Die Lösung:

Es gibt eine ganze Reihe von Geschäftsmodellen, aber eines der besten ist der Umstieg vom Projektgeschäft auf ein Abo -Modell.

Denn das erhöht für die Unternehmer, die Planbarkeit massiv. Das sorgt für stetigen Cashflow, den man für Wachstum investieren kann.

Das erhöht außerdem die Kundenbindung, und das ist für beide Seiten sinnvoll, denn als Anbieter ist man in diesem Modell auch bereit, mehr in einen Kunden zu investieren.

Nebenbei wird auch noch der Firmenwert deutlich erhöht, weil das Unternehmen vorhersehbar auf viele Jahre hinaus Umsätze und Gewinne machen wird.

Dieses Geschäftsmodell bietet sich natürlich überall dort an, wo der Kunde die Leistung sowieso regelmäßig beziehen will. Also überall dort, wo Leistungen für den täglichen Betrieb benötigt werden.

Aber auch dort, wo derzeit die Zusammenarbeit aus einer Serie von Einzelprojekten besteht. Zum Beispiel im Betrieb oder der Wartung von Technik. Auch bei der langfristigen Weiterentwicklung von Systemen und der kontinuierlichen Verbesserung von Prozessen und Daten.

Mit genügend Kreativität lassen sich viele Leistungen, die bisher als Einzelprojekte verkauft werden – als Service- oder Abo-Modell realisieren.

Case-Study: Software-Entwicklung

Vor einigen Jahren kam ein Kunde zu mir, der wollte einem seiner Kunden ein neues System anbieten.

Die Situation seines Kunden war, dass dieser eine Reihe von Fachkräften hatte, die regelmäßig bei Kunden vor Ort im Einsatz waren.
Nach dem Einsatz haben die Fachkräfte Ihre Zeit vor Ort protokolliert – auf einem Zettel.
Diese Zettel wurden dann gesammelt, über einen Monat aufsummiert, zur Kontrolle zurückgeschickt, bestätigt und wieder zurück an die Zentrale geschickt. Dort wurde das Ganze dann eingegeben und abgerechnet.

Ein Heidenaufwand, vor allem bei über 1.000 Mitarbeitern. Viele Verzögerungen, viele Fehler, viele Emotionen (weil mit Geld verbunden).

Diese Prozedur wollte man nun durch ein IT-System ersetzen, ganz modern mit App und zentraler Datenbank, alles vollautomatisch.

Mein Kunde hatte so ein System im Angebot und wollte das nun ganz klassisch anbieten:

Lizenzgebühren für die Software, dazu noch ein Stundenkontingent für Anpassungsdienstleistungen. Und dann gibt es noch Support dazu, pro Gerät.

Die Frage war: Können wir das anders anbieten, damit das attraktiver wird – und der Kunde bereit ist, mehr dafür zu bezahlen?

Was genau ist jetzt der Wert für den Kunden meines Kunden?

Der war, dass er in Zukunft den ganzen bürokratischen Aufwand, die ganzen Fehler, die ganzen Verzögerungen und die Unzufriedenheit unter allen Beteiligten, los wird. Und Mitarbeiter mit sinnvolleren Tätigkeiten beschäftigen kann, als mit dem Abtippen von Zetteln.

Dabei denkt er nicht darüber nach, wie viel dürfte denn ein passendes IT-System an Lizenzkosten und Anpassungen kosten.

Sondern er fragt sich: „Was ist mir das pro Mitarbeiter wert?"

Und daher haben wir das genauso angeboten.
Es gab im Angebot keine Lizenzkosten mehr, keine Programmierdienstleistung und keinen Support, sondern:

"Lieber Kunde, bei uns kaufst du alles fix fertig, all inclusive, für einen einfachen, fixen Betrag pro Monat und Mitarbeiter"

Das hat der Kunde meines Kunden sofort verstanden, weil das natürlich genau seine Welt war und er die Kosten für das System ganz leicht mit den Kosten seines bisherigen Prozesses vergleichen konnte.

Und auch für meinen Kunden hat sich das natürlich sehr erfreulich ausgezahlt.
Denn insgesamt, über einen Dreijahreszeitraum, waren seine Einnahmen aus dem zweiten Angebot eine halbe Million Euro (!) höher. Für die exakt gleiche Leistung.

Das ist die Macht eines besseren Geschäftsmodells.

16

PROZESS-SCHRITT 2: DEN RICHTIGEN HEBEL WÄHLEN

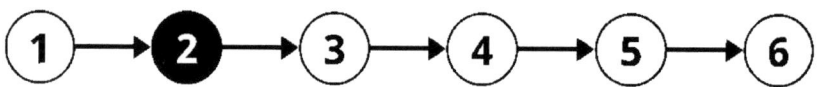

So, das war jetzt ein ordentliches Stück Arbeit, die besten Hebel zu finden, mit denen Sie Ihr Unternehmen weiterbringen können.

Der nächste Schritt ist, aus all diesen Möglichkeiten jetzt den besten auszuwählen.

Warum ist das wichtig? Können Sie denn nicht einfach alle machen?

Können Sie schon, aber nicht gleichzeitig.

Denn dann verlieren Sie Fokus und verzetteln sich. Und dann haben Sie vier Projekte halb fertig, statt zwei komplett umgesetzt.

So verlieren Sie Momentum. Das Risiko, dass etwas dazwischenkommt, wird immer größer. Und irgendwann sterben die Umsetzungsprojekte den Aufmerksamkeitstod.

Die Alternative: Ein Hebel rasch umgesetzt sorgt für einen Motivationsschub und für mehr Kunden, mehr Geld, mehr Erfolg.
Und dann geht der nächste Hebel fast wie von selbst.

Also einen Hebel nach dem anderen.

Gibt es eine Empfehlung für die Reihenfolge?

Gibt es:

Zuerst die Hebel, die Ihren Profit erhöhen (Hebel 5 bis 7: Upselling, Pricing, Geschäftsmodell).

Denn hier wirken die Maßnahmen direkt auf den Profit und resultieren sofort in mehr Cash.

Außerdem sind sie oft leichter umzusetzen, weil Sie mit bestehenden Kunden arbeiten.

Hier können Sie also in vielen Fällen, mit dem geringsten Aufwand am meisten Ergebnis erzielen.

Danach die zwei Hebel rund um den Verkauf (Hebel 3 und 4: Angebot und Verkaufsprozess).

Warum?

Wenn Sie bei diesen Hebeln Schwächen haben, dann sind die Anstrengungen, die Sie vorne in die Neukundengewinnung stecken, zum großen Teil vergeudet.

Denn können Sie beispielsweise nur 10% aller Leads zu Kunden machen, dann bedeutet das umgekehrt, dass 90% der Arbeit, die Sie in die Entwicklung dieser Leads stecken, für den Mülleimer ist.

Erst danach sollten Sie sich daran machen, mehr Leads zu entwickeln.

Sie sollten also genau umgekehrt vorgehen und nicht die Fehler der Anderen machen.

Das ist jetzt natürlich eine einfache, grobe Einteilung.

Falls Sie das lieber etwas genauer hätten, gibt es eine zweite Möglichkeit.

Bewertung durch Punkte-Vergabe

Hier bewerten Sie jeden der gefundenen Hebel nach einem einfachen Punkteschema.
Vergeben Sie zwischen 1 Punkt (schlecht) und 5 Punkte (spitze) für folgende 4 Kategorien:

- **Wirksam:** Wie stark würde sich der Umsatz entwickeln, wenn Ihre Maßnahmen funktionieren?
- **Einfach:** Ist es einfach, diesen Hebel zu verbessern? Haben Sie das nötige Know-How, können Sie das? Haben Sie eine klare Idee? Haben Sie die Zeit, die Ressourcen?
- **Sicher:** Wie zuverlässig wird das funktionieren? Gibt es bereits Erfahrungswerte? Ist der Erfolg zwingend, logisch, automatisch?
- **Schnell:** Wie rasch erzielen Sie damit Erfolge? Können Sie das schnell umsetzen? Zeigen die Maßnahmen - einmal umgesetzt -auch schnell Wirkung?

Vergeben Sie in jeder dieser Kategorien 1-5 Punkte, addieren Sie und wer am meisten Punkte hat, kommt als erstes dran.

Beispiel:

Hebel 4, der Verkaufsprozess, soll verbessert werden. Denn derzeit wird viel Aufwand in Verkaufstermine gesteckt, bei denen schnell klar wird, dass der Interessent kein passender Kunde ist.

Als Maßnahme bietet sich ein kurzer Check-Up Call mit den Interessenten an – dort soll geprüft werden, ob es hier tatsächlich eine Verkaufschance gibt, bevor es zu einem Besuchstermin vor Ort kommt.

Bewerten wir dies gemeinsam.

Die *Wirkung* ist vermutlich mittelgroß: Die Umsätze werden indirekt steigen, weil die Verkäufer sich jetzt auf die besseren Kunden konzentrieren können. Aber die Check-up Calls sorgen noch nicht dafür, dass es direkt zu deutlich mehr Umsatz kommt.

➔ 3 Punkte

Ist das *einfach*? Bisher gibt es dieses Verfahren noch nicht. Falls die gleichen Verkäufer die Check-Up Calls machen, die danach zum Kunden fahren, dann wird das wahrscheinlich recht einfach sein, weil diese Personen können das ja bereits.

Besonders effizient sind solche Check-up Calls natürlich, wenn Sie von Personal erledigt werden, die nicht vor Ort beim Kunden gebraucht werden.

Diese Personen müssten daher erst mal gefunden und trainiert werden.

In dem Fall sind mehr Vorarbeiten nötig.

→ 2 Punkte oder 4 Punkte

Ist das Ganze **sicher**? Diese Maßnahme wurde im Unternehmen noch nie gemacht, daher gibt es eine gewisse Unsicherheit. Gleichzeitig sind solche Check-Up-Calls eine bewährte Technik. Es ist praktisch sicher, dass diese Maßnahme den gewünschten Effekt hat, unpassende Kunden frühzeitig auszusortieren.

→ 4 Punkte

Geht das *schnell*? An sich könnte dieser Prozess bereits morgen starten, falls die erfahrenden Verkäufer die Check-up Calls machen.

Müssen hingegen zuerst Leute gefunden und trainiert werden, dann dauert es natürlich länger.

→ 5 Punkte oder 2 Punkte

17

PROZESS-SCHRITT 3: HEBEL VERBESSERN

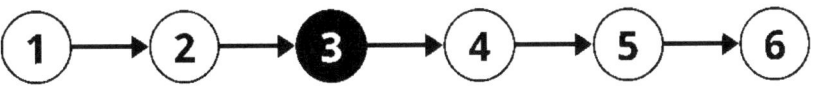

In diesem Schritt werden die konkreten Maßnahmen identifiziert, um einen Hebel konkret zu verbessern.

In den meisten Fällen werden bereits im ersten Prozess-Schritt (Hebel finden) passende Ideen generiert. Daher gibt es meist schnell Ansätze, um einen Hebel zu verbessern.

Gibt es mehrere Lösungsansätze, kann dieselbe Bewertung wie im vorigen Schritt („Hebel wählen") verwendet werden (wirksam, einfach, sicher, schnell).

Was aber, wenn noch keine Lösung in Sicht ist? Es ist klar, dass ein Hebel verbessert werden sollte, aber keiner weiß, wie. Was nun?

Das sind die vielversprechendsten Optionen:

Sprechen Sie mit den Beteiligten. Menschen, die tagtäglich damit zu tun haben, haben meist viele Ideen, was besser gemacht werden könnte und was helfen würde.

Recherche im Internet. Fast sicher hat schon jemand genau dieses Problem gelöst. Schauen Sie sich auch in anderen Branchen um, oft lassen sich erfolgreiche Konzept mit leichten Anpassungen auf Ihre Situation umlegen.

Bücher, Seminare, Online-Kurse. Empfiehlt sich besonders bei komplexeren Aufgaben.

Experten reinholen. Leute, die schon wissen, wie das geht und die das schon oft gemacht haben.

Ich persönlich war früher ein großer Fan davon, Dinge selbst zu lernen. Das ist interessant und lehrreich.

Mittlerweile denke ich, dass sich das nur ganz selten auszahlt.

Wenn wir heute bei uns etwas Neues machen wollen, suchen wir uns jemanden, der richtig gut darin ist und bezahlen diese Person, es uns beizubringen oder es für uns zu erledigen. Das ist im Endeffekt fast immer die billigste, schnellste und sicherste Variante.

Die Investition wird fast immer dadurch amortisiert, dass wir das Ergebnis (z.B. höhere Umsätze) viel schneller erreichen. Und wenn wir höhere Einnahmen ein oder zwei Monate früher bekommen als wenn wir das selbst gemacht hätten, dann rentieren sich auch hohe Honorare.

Hier ist noch ein Trick, um Kosten zu sparen und trotzdem zur Top-Expertise zu kommen: done-with-you, statt done-for-you.

Das heißt: statt jemand zu engagieren, der ein komplettes System für Sie umsetzt suchen Sie jemanden, der das mit Ihnen gemeinsam macht.

Diese Person hilft Ihnen also, rasch einen Plan zu finden, den Sie dann selbst umsetzen können. Sie steht aber mit

Feedback und Hilfe und Unterstützung zur Seite, und zeigt Ihnen, wie Sie das Beste rausholen.

Das funktioniert vor allem dann, wenn ein Großteil der Arbeit einfach oder mittelschwer ist, sodass auch Mitarbeiter diese gut erledigen können.

18

PROZESS-SCHRITT 4: TESTEN, SCHRAUBEN, GAS GEBEN

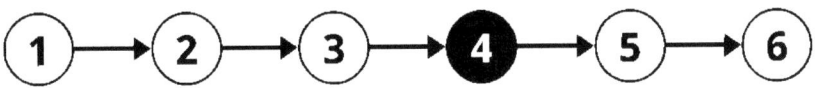

Okay, hier ist das schmutzige Geheimnis: Ihre neue Maßnahme zur Verbesserung Ihres Hebels wird nicht auf Anhieb perfekt funktionieren.

Außer Sie haben viel Glück.

Vor allem wird es dann nicht gleich klappen, wenn Sie etwas völlig Neues machen und es nicht wirklich viele best practices dafür gibt.

Und noch eine schlechte Nachricht: Sie lösen das Problem auch nicht einfach dadurch, dass Sie sich Experten für dieses Thema holen.

Das klingt jetzt vielleicht seltsam, denn genau deswegen holt man ja einen Experten mit viel Erfahrung, oder?

Die Wahrheit ist: Auch jemand, der das seit 10 Jahren macht, kann das nicht immer zuverlässig beim ersten Anlauf auf Ihr Unternehmen übertragen, auf Ihre spezielle Situation, auf Ihr Angebot und auf Ihre Kunden.

Auch ein sehr guter Software-Entwickler schreibt keinen Code, der beim ersten Durchlauf funktioniert und genau das macht, was er soll.
Das ist auch nicht nötig.
Denn ein guter Entwickler weiß, wo er den Fehler suchen muss, wie er ihn ausbessert und so sicherstellt, dass das Resultat am Ende des Tages schnell und sicher passt.

Amateure hingegen verzweifeln, wenn etwas nicht gleich klappt. Suchen nach Fehlern an den falschen Stellen, entwerfen unpassende Lösungen oder geben frustriert auf.

Sie kommen also um das Thema Testen und Ausprobieren nicht herum.
Und sie sollten das von vornherein einplanen, um nicht nach den ersten Fehlschlägen frustriert das Handtuch zu werfen.

Hier ein Beispiel:

Sie wollen Ihr Produkt neu positionieren. Dazu entwickeln Sie eine neue „Story", welche die Vorteile Ihres Produktes für eine bestimmte Zielgruppe auf den Punkt bringt.

Jetzt können Sie sich viele Gedanken machen und auch ein paar kreative Fachleute anheuern. Was Sie in den ganzen gemeinsamen Workshops nie herausfinden werden: Ob die neue Story bei Ihrer neuen Zielgruppe so funktioniert wie gewünscht.

Das finden Sie nur durch einen Test heraus.
Und bevor Sie jetzt Ihre ganze Webseite und Ihre Marketing- und Verkaufsunterlagen umstellen, sollten Sie so einen Test machen.

Sonst machen Sie den ganzen Aufwand, um zum Schluss heraus zu finden: Das funktioniert so nicht.

Hier wäre ein einfacher Test: Sie entwerfen mit Ihrer neuen Positionierung ein paar Anzeigen, die Sie auf sozialen Medien wie Facebook oder LinkedIn für Ihre Zielgruppe schalten.

Das können Sie schon mit ein paar Hundert Euro machen. Damit erreichen Sie in der Regel ein paar Tausend Personen. Und dann sehen Sie gleich: Klickt jemand auf meine Anzeige?

Falls ja: Freuen Sie sich – Ihre neue Positionierung weckt Interesse.

Falls nein: Freuen Sie sich – Sie haben gerade viel Geld gespart, das Sie sonst in eine Positionierung gesteckt hätten, die offenbar nicht ankommt.

Pro-Tipp: Ihr größter Feind in dieser Phase ist der Perfektionismus.
Gerade im B2B Bereich soll alles perfekt sein.
Alles soll gut ausschauen.
Auf keinen Fall soll der Kunde das Gefühl kriegen, da gibt es etwas, das nur halbfertig ist, denn er könnte ja auf die Idee kommen, dass das Unternehmen dahinter schlampig arbeitet.

Für den Perfektionismus ist jetzt der falsche Zeitpunkt. Gehen Sie davon aus, es wird sowieso eine Reihe von Experimenten brauchen und planen Sie das ein.

Dann schützen Sie sich automatisch davor, dass Sie gleich alles von Anfang an richtig machen wollen und bereits in einem frühen Stadium unglaublich viel Arbeit reinstecken, die fast immer umsonst ist, weil Sie noch 2-3 Schleifen brauchen, bis es richtig gut funktioniert.

Nochmal, weil es so wichtig ist: Sie müssen testen.

Und nach so einem Test gibt es zwei Möglichkeiten: Es funktioniert schon ausreichend gut. Oder eben nicht.

Falls es noch nicht so gut klappt, ändern sie eine Sache.

Nur eine.
Sonst wissen Sie nämlich nicht, was funktioniert und was nicht.

Drehen Sie daher immer nur an einer einzelnen Schraube. Wenn Sie drei Sachen gleichzeitig machen, dann wissen Sie nicht, ob etwas davon jetzt gut funktioniert hat, was gut funktioniert hat oder ob vielleicht etwas besser und etwas schlechter funktioniert hat, und das Gesamtergebnis null bleibt.

Hier zeigt sich übrigens meist der Profi: Der erzielt beim Testen viel schneller Fortschritte.

Und was passiert, wenn die Tests gut verlaufen?

Dann geben Sie mehr Gas.

Achtung - nur weil etwas auf niedrigerer Geschwindigkeit gut funktioniert hat, heißt das noch nicht, dass es auch auf maximalem Speed genauso geht.

Also, die Geschwindigkeit Schritt für Schritt steigern, die Schlagzahl Schritt für Schritt erhöhen. Einen Mitarbeiter nach dem anderen in den Prozess reinnehmen, einen Prozessschritt nach dem anderen steigern.

Der wichtigste Tipp: Bloß nicht aufgeben, wenn es die ersten Male nicht funktioniert. Die allermeisten Sachen funktionieren irgendwann.

Aber manchmal braucht man halt 3, 4 Versuche, bis es endlich funktioniert, und die Versuchung ist groß, nach dem zweiten Fehlschlag aufzugeben.

Tun Sie das nicht. Scheitern kann nur, wer aufgibt.

19

PROZESS-SCHRITT 5: NOCHMAL VON VORNE

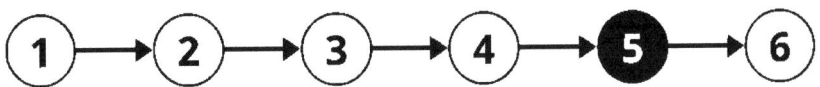

Also, Ihr Hebel ist jetzt umgesetzt und funktioniert sogar. Sie sehen schon die positiven Wirkungen.

Gratuliere, die erste Etappe ist geschafft.

Aber warum sollten Sie jetzt aufhören?

Jetzt kommt der nächste Hebel dran!

Wichtig: Machen Sie dazwischen eine Reflexionsrunde:
- Was haben Sie gelernt?
- Was hat gut funktioniert und warum?

- Was hat nicht so gut funktioniert, und was sollten Sie das nächste Mal anders machen?
- Wie können Sie die Geschwindigkeit steigern, mit der Sie durch diese Optimierungsmaßnahmen durchkommen?

Die Lerneffekte, nach denen Sie wirklich suchen, sind nicht nur die inhaltlichen (was Sie gemacht haben, um einen Hebel zu verbessern), sondern vor allem wie Sie den ganzen Verbesserungsprozess selbst verbessern können.

Denn das ist die wirkliche Quelle der Innovation – die Fähigkeit, sich immer wieder neu zu erfinden, vorne zu bleiben und immer wieder nach vorne zu kommen.

Wann sind Sie fertig?

Wann ist genug der Verbesserungen? Wann ist Ihr Umsatzsprung-Projekt zu Ende?

Natürlich nie.

Es ist nicht das Ziel, je damit fertig zu werden.
Genau so wenig, wie es für einen Menschen oder einen Baum das Ziel ist, je „fertig" zu werden.

Ständige Weiterentwicklung ist das Ziel.

Also verbessern Sie einen Hebel nach dem anderen. Und wenn Sie damit fertig sind, dann fangen Sie einfach den ganzen Prozess ganz von vorne an, und gehen Sie nochmal alle Hebel durch.

20

PROZESS-SCHRITT 6: ERFOLG FEIERN

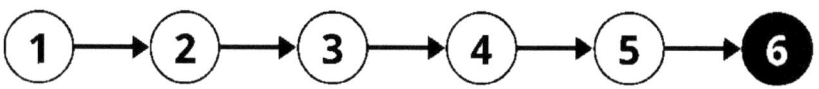

Ganz wichtig: Etappen feiern.

Der ganze Prozess der ständigen Verbesserung hat einen Nachteil: Es gibt kein Ende, das man feiern könnte.

Aber das ist wichtig.
Für die Motivation und für das Gefühl wirklich weiter zu kommen.

Am besten legen Sie gleich von vornherein fest, wie Sie welche Etappensiege feiern.

Mit einer Feier.
Einem Ausflug.

Oder irgendwas Verrücktem.
Ihnen fällt schon was ein.

21

WIE SIE NOCH SCHNELLER VORANKOMMEN

Falls Sie jetzt Lust auf Ihren nächsten Umsatzsprung bekommen haben, aber gerne Hilfe hätten – können wir Sie dabei vielleicht unterstützen.

Am besten reden wir einfach mal darüber, ob wir zusammenpassen:

Hier können Sie direkt mit mir persönlich sprechen:
E-Mail: alex.rammlmair@umsatzsprung.com
LinkedIn: https://www.linkedin.com/in/alexrammlmair/

Auf jeden Fall wünsche ich Ihnen

Viel Erfolg und Happy Selling

Ihr Alex Rammlmair
Und sein Umsatzsprung-Team

FSC

www.fsc.org

MIX

Papier aus ver-
antwortungsvollen
Quellen

Paper from
responsible sources

FSC® C105338